Ce mémoire a été lu à la réunion des Sociétés des Beaux-Arts des départements, tenue dans l'hémicycle de l'École des Beaux-Arts, à Paris, le 30 mars 1894.

LES JACOB

Qui dira jamais où finit le grand art et où commence l'art purement décoratif? Jusqu'à quelle limite peut-on traiter d'artiste celui qui se consacre au premier, et seulement d'artisan celui qui s'adonne au second? Où est la distinction à établir entre les deux? Elle est fort difficile à définir. L'art industriel ne s'élève-t-il pas souvent jusqu'au grand art? Les grands artistes sont-ils autre chose que de parfaits artisans? A quoi bon des catégories? Tous les arts depuis le plus grand jusqu'au plus petit se tiennent étroitement, et la ligne de démarcation qui les sépare est bien difficile à tracer. Creuser un fossé entre l'art et l'industrie est une erreur. Il faut élever l'industrie jusqu'à l'art et ne point abaisser l'art jusqu'à l'industrie.

Sommes-nous encore assez loin de la vraie et saine doctrine de l'unité de l'art! Combien sont difficiles pour être acceptées comme œuvres d'art, les applications de l'art aux objets de forme usuelle! Cependant, comme l'a si justement dit l'éminent statuaire M. Eug. Guillaume, « tout ce que la nature met sous nos yeux de formes diverses, tout ce que les sciences, les lettres et les arts nous offrent de produits, d'instruments, d'attributs, fait concevoir l'art du décorateur comme un art encyclopédique. »

Le but que nous poursuivons ici est de retracer ce que nous savons de la vie des membres d'une dynastie d'artisans qui firent œuvre d'artiste, d'énumérer leurs principales productions, de décrire leurs plus brillants travaux. Nous voudrions par la même occasion chercher à relever du discrédit où il est tombé un art trop proche de nous pour être bien compris et auquel le temps seul peut donner la consécration à laquelle il a droit.

LES JACOB

LE MOBILIER

DE LOUIS XV A LOUIS-PHILIPPE

PAR

PAUL LAFOND

PARIS

TYPOGRAPHIE DE E. PLON, NOURRIT ET Cⁱᵉ

RUE GARANCIÈRE, 8

1894

UNE FAMILLE D'ÉBÉNISTES FRANÇAIS

LES JACOB

LE MOBILIER

DE LOUIS XV A LOUIS-PHILIPPE

PAR

PAUL LAFOND

PARIS

TYPOGRAPHIE DE E. PLON, NOURRIT ET Cⁱᵒ
RUE GARANCIÈRE, 8

1894

Il a eu cependant un tort, et un grand, celui d'avoir été imposé trop violemment, d'avoir été en désaccord jusqu'à un certain point avec le goût de la nation et, surtout, d'être venu immédiatement après cet art exquis du dix-huitième siècle si bien approprié à notre génie français, mais aussi si près de tomber dans les grâces apprises, la mièvrerie et l'afféterie. Nous ajouterons que nous espérons faire œuvre utile et profitable à notre industrie nationale, en appelant l'attention sur les travaux d'artisans qui ont précédé ceux de notre temps. L'étude des ouvrages sortis de leurs mains ne peut donner que de précieux enseignements. N'y a-t-il point toujours bénéfice à étudier les productions des siècles passés ?

I

GEORGES JACOB

Les dynasties d'artistes et surtout d'artisans ne sont pas rares en France. Elles l'étaient encore moins jadis, alors que les fils étaient fiers de suivre la voie tracée par leur père et que leur seule ambition était de les remplacer dans les dignités et les charges dont les avaient honorés les membres de leur corporation.

C'est à cette légitime ambition que l'art industriel doit tant d'œuvres remarquables qui prouvent quelle est sur les artistes l'influence de l'éducation et du milieu. Nous en aurons un exemple de plus en étudiant les ouvrages des Jacob, irréprochables au point de vue technique et dont l'incontestable valeur artistique attira pendant près d'un siècle l'attention des connaisseurs.

Georges Jacob, le chef de cette famille d'artisans, vivait sous Loúis XV et fut un des plus estimés de cette pléiade d'ébénistes dont les remarquables ouvrages sont restés des modèles de goût et d'élégance. Son petit-fils, Alphonse Jacob, était encore ébéniste sous le gouvernement de Juillet. Nous avons donc devant nous un vaste champ d'investigations, un des plus curieux et des plus étranges que puisse fournir l'histoire de l'art industriel.

Au dix-huitième siècle, plus peut-être qu'à aucune autre époque, l'Europe entière était tributaire de la France, dont la suprématie dans tout ce qui touche à l'art était incontestable et incontestée. L'industrie du meuble ne resta pas, bien entendu, en dehors de ce mouvement, et les nations étrangères se disputaient déjà à prix d'or les productions de nos fabricants.

Bon nombre des plus belles œuvres dues à notre industrie nationale nous ont été enlevées dès cette époque; d'autres nous le sont encore journellement par les amateurs étrangers qui écrèment nos ventes publiques. Les riches résidences des nobles seigneurs anglais regorgent de merveilleux meubles français. Il s'en trouve bien, il est vrai, une certaine quantité chez nous, au Garde-Meuble et dans les palais nationaux; les ministères en renferment aussi de très remarquables. Il en existerait bien davantage si, à l'époque de la Terreur, les pièces les plus précieuses et les plus rares de l'ancien mobilier de la Couronne, ainsi que celles confisquées aux condamnés et aux émigrés, n'avaient été vendues à vil prix aux enchères publiques, et si nombre d'entre elles n'avaient été brûlées, détruites, jetées à la rue, parce qu'elles rappelaient un régime dont on voulait faire disparaître jusqu'au souvenir; d'autres, et c'est peut-être le plus grand nombre, parce qu'elles étaient considérées par tous comme des objets sans goût ni style, absolument méprisables, la mode étant ailleurs.

En dehors de ses ouvrages, nous ne savons pas grand'chose concernant Georges Jacob, le chef de cette dynastie d'ébénistes qui brilla d'un si constant éclat pendant trois quarts de siècle. Il ne fit point partie, quoique son nom à désinence étrangère eût pu le laisser supposer, de cette colonie d'habiles artisans venue de l'autre côté du Rhin à partir du milieu du dix-huitième siècle[1]. Il était Français et naquit dans un petit village de Bourgogne situé entre Auxerre et Tonnerre. Pour la date de sa naissance, nous l'ignorons. Nous ignorons également comment il apprit son métier d'ébéniste, ainsi que l'époque à laquelle il vint à Paris[2]. Toujours

[1] De ces habiles artisans, un certain nombre devinrent maîtres à leur tour. Beaucoup, parmi les artistes dont nous nous enorgueillissons à juste titre, sont d'origine étrangère. Fait remarquable, la plupart d'entre eux se sont fixés définitivement en France, et ceux qui ont voulu transporter dans leur pays d'origine l'industrie du meuble artistique ne semblent pas avoir réussi à y naturaliser les qualités de goût et d'invention qu'ils semblaient avoir définitivement acquises au contact des ouvriers parisiens.

[2] Dans les scellés et inventaires de 1771 à 1790, nous trouvons trois Jacob : Jean-François Jacob, architecte, mort le 17 novembre 1786, rue de la Mortellerie; Louis Jacob, graveur et marchand d'estampes, mort le 27 novembre 1778, rue Saint-Jacques, et Michel Jacob, maître peintre, mort le 26 juillet 1740, chez

est-il que nous le voyons reçu maître par la corporation des me-
nuisiers ébénistes, le 4 septembre 1765 ; un peu plus tard, en 1789,
il fût nommé adjoint en charge au syndic de la corporation. Entre
temps, en 1784, il avait obtenu le titre de fournisseur des Menus
Plaisirs, avec la spécialité des sièges de toutes sortes. Enfin, dans
un bail daté de 1790[1], il est désigné comme menuisier et fournisseur de meubles du Roy.

Georges Jacob ne traversa pas sans encombre la triste période
de la Terreur. Mandé une première fois devant le tribunal révolutionnaire, sous l'accusation d'avoir travaillé pour Capet et les ci-
devant, il s'en tira sans encombre en assurant que, s'il avait été
occupé par le Roi et les nobles, il travaillait maintenant pour la
nation, à laquelle il offrait quatre ou cinq cents bois de fusils. Son
offre fut acceptée, et il en profita pour faire sortir sa femme de
Paris, sous le prétexte assez plausible d'aller surveiller, dans une
propriété[2] lui appartenant, la coupe des noyers nécessaires pour
la fabrication de ces bois de fusils.

Rappelé une seconde fois devant le terrible tribunal, celle-ci
sous le prétexte d'accaparement de vivres, il démontra qu'ayant
un grand nombre de bouches à nourrir, plusieurs enfants et divers
apprentis à sa charge, il devait nécessairement avoir quelques
provisions devers lui. Il demanda séance tenante, en même temps
qu'il donnait ces explications, qu'une perquisition fût faite à son
domicile pour constater la véracité de son dire. Un membre du
district fut délégué à cet effet. Il se trouva, heureusement pour lui,
que ce patriote était un ouvrier de sa fabrique. Était-ce là un simple
hasard ? Nous en doutons quelque peu. Toujours est-il que, le len-
demain, le brave citoyen vint faire sa perquisition, qui n'aboutit à
aucun résultat. Il reçut, il est vrai, immédiatement le prix de sa
complaisance. Jacob l'engagea à emporter chez lui un soi-disant
sac de copeaux qui contenait, en réalité, un gros jambon et une
provision de haricots, bonne fortune par ce temps de disette. L'affaire n'eut point d'autres suites.

le sieur Beauvais, limonadier, quai Pelletier. Mais aucun de ces trois Jacob était-il
parent de Georges Jacob ? Nous en doutons fort.

[1] Minutes de l'étude de Me Trousselle, notaire à Paris, boulevard Bonne-Nouvelle.

[2] Probablement la terre de Malter ou des Malter, en Bourgogne, dont son
troisième fils et successeur, François-Honoré Jacob, prit plus tard le nom.

Une nouvelle perquisition eut pour Jacob des conséquences autrement graves. Elle amena la découverte, dans un buste de plâtre, d'une série de lettres établissant ses rapports avec les émigrés. Incarcéré immédiatement à la Conciergerie, il n'en serait sorti que pour monter à l'échafaud, si la révolution du 9 thermidor n'était venue mettre un terme au régime de la Terreur ; mais cette terrible épreuve avait usé l'énergie de G. Jacob, qui sortit de prison vieilli et désillusionné[1]. Ne se sentant plus la force nécessaire pour diriger les affaires de sa maison, il se retira et fut remplacé par son troisième fils, François-Honoré, quoique ce dernier fût bien jeune encore, puisqu'il n'était né qu'en 1770.

Les magasins et ateliers de la maison Jacob occupaient alors une vieille et énorme bâtisse de la rue Meslay, en plein quartier Saint-Martin, à deux pas de l'église Sainte-Élisabeth et du marché Saint-Martin[2].

Georges Jacob fut un des meilleurs sculpteurs décoratifs de son temps, quoiqu'il ait eu des rivaux qui ne furent point à dédaigner.

[1] Un petit-fils de Georges Jacob, M. Eugène Meurice, possède les portraits de Georges Jacob et de sa femme, signés S. Julien et datés tous deux de 1793. Dans son portrait, G. Jacob, les cheveux poudrés, porte un habit bleu, un gilet rouge et une ample cravate blanche qui font songer involontairement au drapeau tricolore. Mais il ne faut pas oublier que c'était alors l'époque des toilettes aux trois couleurs, où les femmes adoptèrent les couleurs nationales comme thème de leur parure. Les robes étaient ordinairement, soit semées de petits bouquets blancs, bleus et rouges, soit rayées des mêmes couleurs ; les bonnets de gaze, ornementés d'un gros nœud de rubans tricolores ; les souliers, également tricolores ; les ceintures ponceau. Parfois aussi, chaque partie du vêtement d'une couleur différente, dont l'ensemble formait le costume tricolore complet.

Le portrait de Mme Jacob, née Germaine-Jeanne Loyer, qui avait dû être fort jolie, montre sur ses traits la trace des angoisses qu'elle avait eu à supporter dans ces malheureux temps.

Julien (Siméon), l'auteur de ces deux portraits, né à Toulon le 28 octobre 1735, mort à Paris le 5 ventôse an VII (1800), fut un peintre d'une certaine valeur, comme en témoignent ces deux ouvrages. Élève de Carle Vanloo, il obtint le 1er grand prix de peinture en 1760 et fut agréé à l'Académie le 9 mars 1783. Sa manière se rapproche grandement de celle de Natoire. Il prit part aux Salons de 1778, 1785, 1787 et 1800 avec de nombreuses compositions de toutes espèces. Il a exécuté un grand nombre de dessins, quelques miniatures et différentes eaux-fortes qu'il grava entre 1764 et 1773. Son portrait peint par lui-même, daté de 1789, figure au Musée de Toulon.

[2] C'était dans cette même rue que demeurait le fameux facteur de piano-forte, Peronard, établi à l'enseigne du *Concert des trois Couronnes*, en 1775, qui dut bien souvent avoir recours à son voisin Jacob pour la partie d'ébénisterie de ses instruments.

En première ligne, il faut citer Riesener, le plus habile ébéniste de cette époque, qui n'a laissé que des chefs-d'œuvre ; puis ensuite OEben ; Ressmann ; David Roentgen, plus connu sous son prénom de David ; Charles Rietther ; Jean-Philippe Jeurstein [1] ; Pierre Schmitz [2] ; Jean Gotlieb Frost [3] ; Gaspard Schneider [4] ; Adam Weisweiler [5] ; Schwerdfeger [6] ; Ignace Papst [7] ; Michel-Jacques-Urbain Lemarchand [8] ; Jean-Antoine Bruns [9] ; Jean-Pierre Louis [10] ; Alexandre [11] ; Talomé [12] ; Boulard ; Le Large ; Dupain, plus particulièrement comme G. Jacob adonné à la sculpture des sièges et dont l'Exposition de l'Union Centrale, en 1882, nous a montré des spécimens du plus grand mérite. Nommons encore Boulanger ; Boizol ; Charny ; Guérin ; Laurent ; Lena ; Vallois, etc., qui furent fournisseurs du Garde-Meuble de la Couronne.

Les habiles dessinateurs de meubles ne manquaient pas non plus à cette époque privilégiée. Contentons-nous de citer parmi ces derniers : Jean-Démosthènes Dugoure [13], qui obtint la place de dessinateur du comte de Provence en 1780 ; Gandoin, dessinateur du Garde-Meuble ; de La Londe ; Bessmann, dont le musée du Louvre conserve de si beaux dessins d'ornement ; Cauvet, de Salenbries, etc.

Georges Jacob se livra tout particulièrement à la sculpture des sièges, des lits, des torchères, des écrans, destinés à être dorés. Dans cette spécialité, il devint l'émule des premiers artistes de son temps, leur modèle même. Le nombre de ses ouvrages en ce

---

[1] En 1775, rue Saint-Nicolas.

[2] Rue Saint-Martin.

[3] Rue Croix des Petits-Champs.

[4] Faubourg Saint-Antoine.

[5] Faubourg-Saint-Antoine.

[6] Rue Saint-Sébastien.

[7] Rue de Charenton.

[8] Rue Saint-Louis-au-Marais.

[9] Faubourg Saint-Antoine.

[10] Rue du Jour.

[11] Rue des Fossés-Monsieur-le-Prince.

[12] Rue des Gravilliers.

[13] C'est à Dugoure que l'on doit le premier emploi des arabesques antiques, principalement étrusques, dans le meuble et les tentures. Il avait fait une étude approfondie des œuvres de l'antiquité, et son influence sur les arts industriels de son temps fut considérable. (Voir *Autobiographie de Dugoure, Archives de l'Art français,* nouvelle série, 1877.)

genre est énorme. On en trouve des spécimens dans la plupart des résidences royales et dans nombre de collections particulières.

Qui ne connaît la délicieuse console ayant fait jadis partie du mobilier du palais de Fontainebleau qui a figuré à l'Exposition de l'Union Centrale en 1882, où elle a fait sensation, et qui a été si souvent imitée depuis ? Impossible de rien trouver de plus gracieux, de plus délicat, de plus élégant, que ce meuble aux pieds terminés par des figures de syrènes opposées les unes aux autres, dont les enroulements s'appuient sur un vase à long col. L'exécution de ces ornements est d'une finesse extrême qui ne pourra jamais être dépassée. L'artiste, car on ne peut donner un autre nom à l'auteur de cette merveille, a prouvé qu'il était de force à lutter avec les plus fins ciseleurs. A côté de cette console, qui reste une des œuvres les plus remarquables de la sculpture sur bois de la fin du dix-huitième siècle, cette même Exposition de l'Union Centrale de 1882 montrait encore, de Georges Jacob, une chaise longue et un canapé du style le plus délicat et du travail le plus achevé.

Parmi les plus belles productions sorties des ateliers de G. Jacob, nous nous reprocherions de ne pas parler d'un meuble de salon composé de vingt et un sièges, d'une délicatesse exquise, recouverts de splendides tapisseries de Beauvais. Ce meuble fait partie de la riche collection du comte Greffulhe[1], composée, comme on le sait, uniquement de pièces hors pair.

Notre ébéniste ne se contenta pas d'affirmer sa supériorité comme sculpteur sur bois. Nous avons aussi de lui des meubles à incrustations de cuivre dans le style de Boulle, que ne désavouerait pas le maître et créateur du genre.

Une production absolument à part dans l'œuvre de G. Jacob et des plus curieuses par le peu de rapport qu'elle présente avec ses œuvres antérieures, c'est le mobilier de l'atelier du peintre L. David[2]. Il a fallu chez le vieil ébéniste une étrange force de volonté pour réagir contre les idées auxquelles il avait obéi jusqu'alors et une non moins grande force d'assimilation pour, sinon

---

[1] *Gazette des Beaux-Arts, Collection Greffulhe*, Ch. GUEULETTE, t. XV, 2e série. 1877, p. 154 et suiv.

[2] E.-J. DELÉCLUZE, *Louis David, son école et son temps*.

adopter, tout au moins accepter des conceptions d'art si loin de celles qu'il avait toujours connues.

Ce mobilier amena dans l'industrie de l'ameublement une véritable révolution. On ne peut se figurer aujourd'hui l'enthousiasme qu'il excita dans le public. Compris à l'inverse de tout ce qui avait été fait jusqu'alors, il fut exécuté par G. Jacob d'après les dessins de David lui-même et de son élève Moreau [1], qui travaillait constamment auprès de lui. Il se composait de chaises courantes en bois d'acajou foncé, recouvertes de coussins en laine rouge ornés, près des coutures, de palmettes noires, en imitation des sièges figurés sur les vases étrusques; d'une chaise curule en bronze dont les montants en forme d'X étaient terminés en haut par des têtes et, en bas, par des pieds d'animaux; d'un grand siège à dossier en acajou plein, orné de bronzes dorés et garni de coussins rouges et noirs et de draperies de même couleur; enfin, d'un lit du même style. Tout cet ameublement, scrupuleusement copié sur des monuments grecs et romains, fut reproduit par David dans ses principales toiles. Ce sont d'ailleurs les accessoires que l'on retrouve dans les tableaux des *Horaces*, du *Brutus*, de l'*Hélène et Paris*, et dans le célèbre portrait de Mme Récamier. Il date des années 1789 et 1790, alors que le goût de l'antiquité n'était pas encore tombé dans le domaine public. Ce ne fut qu'un peu plus tard que l'engouement commença. Il ne tarda pas à devenir universel, à ce point que les coiffeurs eux-mêmes ne rêvaient plus que de parer les têtes de leurs belles clientes des coiffures dites à la Brutus ou aux filles d'Horace, en imitation de celles peintes par David dans ses célèbres toiles.

C'est de ce mobilier que sortit l'ameublement de l'époque révolutionnaire et de l'époque impériale, qui n'en est que la suite et le complément.

Le peintre avait voulu faire revivre tout ce qui rappelait les républiques antiques, leurs mœurs et leurs habitudes. Ajoutons à cela que les études faites un peu plus tard, en Égypte, par les savants emmenés par Bonaparte, eurent pour résultat de faire accepter plus facilement et plus vite les idées de David, alors véritable

---

[1] Moreau (Charles), élève de David, était âgé d'environ trente ans quand il aida son maître dans la composition de ce mobilier.

et unique dispensateur du goût. Les imitations souvent maladroites, toujours malheureuses, des Pyramides, des obélisques, des sphinx, dans les objets destinés à un usage domestique proviennent du même principe, procèdent de la même idée. Le grand tort qu'eurent les artistes de cette époque, et G. Jacob n'est pas à l'abri de ce reproche, c'est de ne s'être point rendu compte qu'un monument ne peut être diminué d'échelle impunément; qu'un objet monumental en pierre ou en marbre ne peut, sans grave inconvénient, être réduit et traité dans une matière comme le bois ou le bronze.

Ce mouvement cependant ne fut point aussi spontané et immédiat qu'il semble l'avoir été au premier abord. Cette tendance vers l'imitation de l'antiquité se fit sentir vers le milieu du dix-huitième siècle. Ces idées de rénovation se généralisèrent lorsque les architectes, nourris de la lecture des ouvrages de Winckelmann, des livres de l'abbé Barthélemy, écrits après les découvertes d'Herculanum et de Pompéi, ne rêvèrent plus que temples grecs et romains [1]. Les peintres suivirent l'impulsion; les peintures décoratives des Vien, des Lagrenée et autres, ne sont-elles pas là pour en témoigner? Les dessinateurs ornemanistes n'essayèrent même pas de réagir contre l'entrainement général. Dugoure [2], de Lalonde, Salembier, Foy, Prieur, etc., se hâtèrent à l'envi de composer des décorations et des ameublements dans le genre antique, de dessiner des sièges, des lits, des commodes et des canapés plus ou moins étrusques ou égyptiens.

Les élégants et les élégantes d'alors se firent édifier des demeures dans le goût antique [3]. Parmi celles-ci, abattues aujourd'hui pour la plupart, il faut citer le petit hôtel élevé pour Mlle Dervieux [4], qui fut sous la Terreur emprisonnée avec le poète Roucher. Le plus grand nombre des meubles de cette habitation étaient en bois d'acajou, et la salle de bain, une pure merveille,

[1] Louveciennes, le Petit-Trianon, le Garde-Meuble, le Grand Théâtre de Bordeaux, le Panthéon, témoignent de la préoccupation constante des architectes d'alors d'imiter l'antiquité. Gabriel, Louis, Soufflot et même l'hétéroclite Ledoux, qui a élevé les anciennes barrières de Paris, n'eurent point d'autre objectif.

[2] Voir une note précédente.

[3] *Plan, coupe, élévation des plus belles maisons et des hôtels construits à Paris et dans les environs,* par KRAFFT et RANSONNELLE. Paris, an IX.

[4] Rue Chantereine, aujourd'hui rue de la Victoire.

était décorée dans le style antique ; l'hôtel de Mme Brunoy[1], construit en 1789 sur les dessins de Chalgrin ; celui du duc de Soubise[2], œuvre de Cellerier ; l'hôtel Marbeuf[3] ; l'hôtel d'Osmond[4], élevé pour Mme Sainte-Foix par Brongniard, qui, plus tard, bâtit la Bourse ; la petite maison de Colombe cadette[5], celle d'Adeline[6] et nombre d'autres que nous passons sous silence, rappelant par leurs détails, tant intérieurs qu'extérieurs, l'architecture gréco-romaine.

Le maître tapissier Boucher[7] n'écrivait-il pas alors : « La liberté, consolidée en France, a ramené le goût antique et pur, qu'il ne faut pas confondre avec le goût ancien et gothique » ?

L'exécution du mobilier de l'atelier de David avait fait apprécier l'habileté de G. Jacob ; les commandes ne lui manquèrent pas. Un peu plus tard, quand il fut question de meubler la salle de la Convention, il se trouva naturellement désigné pour cet important travail, qui devait lui faire le plus grand honneur. Quoique adroit dessinateur, comme le témoignent ses compositions antérieures, il ne voulut point assumer une responsabilité aussi lourde que celle de dessiner ce mobilier, d'une importance exceptionnelle ; d'ailleurs il craignait de ne point être encore assez au fait du goût nouveau.

Poussé par une heureuse inspiration, il alla demander aux architectes Percier et Fontaine[8], qui vivaient misérablement dans une pauvre chambre d'une triste masure de ce populacier quartier Saint-Martin, de faire ces dessins. Les deux amis, réduits aux plus vils ouvrages pour ne point mourir de faim, saisirent avec empressement l'occasion qui se présentait de mettre à profit les sérieuses études qu'ils avaient faites en Italie. De leur collaboration avec G. Jacob sortit une œuvre très remarquable qui eut, lors de son apparition, un succès au moins égal à celui du mobilier de

---

[1] Aux Champs-Élysées.
[2] Rue de l'Arcade.
[3] Rue de Chaillot.
[4] Rue Basse du Rempart.
[5] A la barrière des Porcherons.
[6] Rue Pigalle.
[7] *Journal de la Mode et du Goût,* juillet 1790. — Boucher avait ses magasins rue de la Verrerie.
[8] Voir *Recueil de décorations intérieures,* par PERCIER et FONTAINE.

David. Les formes antiques y étaient atténuées dans un sentiment et un goût particuliers qui réunirent tous les suffrages.

Dans ces tristes jours de la Terreur, où la plupart des industries avaient cessé d'exister, où le plus grand nombre des fabriques avaient fermé leurs portes, laissant leurs ouvriers sans travail et mourant pour ainsi dire de faim, où les rues désertes ne montraient que boutiques barricadées et persiennes closes, où toutes les maisons portaient l'écriteau : « A vendre ou à louer », seul ou à peu près, dans ce quartier Saint-Martin si vivant et si grouillant la veille, G. Jacob[1] n'avait point interrompu ses travaux. Il s'était fait un point d'honneur de rester sur la brèche ; mais dès le calme revenu, comme nous l'avons vu plus haut, il se hâta de se retirer des affaires, laissant sa maison à son troisième fils, François-Honoré Jacob.

II

F.-H. JACOB-DESMALTER

François-Honoré Jacob, qui ajouta à son nom, pour se distinguer de ses deux frères, celui de Desmalter, nom d'une terre située en Bourgogne appartenant à la famille, prit la direction de la maison paternelle un peu après la révolution de Thermidor, qui donna le signal d'une révolution d'un autre genre dans les habitudes domestiques d'une société nouvelle, révolution pacifique, acceptée dans le monde entier, qui donna un essor extraordinaire au commerce et à l'industrie, au grand profit de Jacob-Desmalter, dont les ateliers ne purent suffire aux commandes.

C'est alors que fut créé cette quantité de meubles nouveaux[2]

[1] Georges Jacob avait eu de sa femme, Jeanne-Germaine Loyer, cinq enfants : trois garçons : Jacob l'aîné, Jacob-Richemond, Jacob-Desmalter, et deux filles : Marie-Victoire, qui épousa Guillaume-Philippe Baudemont, et Germaine-Élisabeth, qui épousa Jacques-François Meurice.

[2] Parmi les plus habiles et les moins connus des ébénistes de cette époque, il est juste de citer Seigneureux, et surtout David de Lunéville, qui brilla de 1780 à 1790. C'est à lui qu'est due la merveilleuse table en bois de sapin avec un dessus ovale marqueté en bois coloré représentant la *Fuite d'Énée de Troie* et des trophées militaires, dont les ornements et les moulures sont en or moulé. Cette table, que la tradition assure avoir appartenu à la princesse de Lamballe, fait aujourd'hui partie du Musée de Kensington, à Londres.

dont la mode fut éphémère, mais absolue quelques jours. Citons parmi eux : les lits à la Révolution, vite remplacés par les lits patriotiques, dont les colonnes étaient formées de faisceaux de lances recouverts de bonnets phrygiens. Puis vinrent les lits à la Fédération, composés de quatre colonnes en forme de faisceaux cannelés, peintes en blanc grisâtre et vernies, avec des liens dorés et des haches et lances de fer soutenant l'impériale ou couronnement. A ces derniers succédèrent les lits à la grecque.

Les chaises, dites étrusques, étaient en bois d'acajou, comme tout le reste du mobilier d'ailleurs, avec leur dossier en forme de pelle ornée de camées peints en grisaille, ou même assez souvent composé de deux trompettes et d'un thyrse reliés ensemble à l'aide d'un ruban [1].

Les lustres et les appliques en bronze doré, jusque-là à la mode, furent souvent alors remplacés par des candélabres civiques en porcelaine. Ce fut le moment brillant des faïences patriotiques, fabriquées pour le plus grand nombre à Nevers [2].

La société nouvelle, à peine échappée au régime de la Terreur, s'intéressa plus qu'on ne serait porté à le croire aux progrès et au relèvement de notre industrie nationale. Nous en avons pour garant les mémoires du temps. Ceux écrits par Cailbert [3] disent que « l'esprit de l'industrie fait de jour en jour de si heureux et de si « rapides progrès, qu'il est difficile de distinguer l'artisan de l'ar« tiste ».

A peine le Directoire établi, le calme revenu, l'abbé Grégoire avait demandé au nom des consuls de l'Agriculture, des Arts et de l'Instruction publique, l'ouverture d'une école et d'un musée industriels : « Il est temps, dit son rapport daté du 29 septembre « 1794, que les arts utiles soient honorés et que, comme les autres « arts, ils deviennent, dans un musée, un sujet d'études et la cause « d'améliorations dont tous doivent profiter. Dans un pays libre, « tous les arts sont libéraux. La France libre ne doit pas être tri-

---

[1] Voir *Collection de meubles et objets de goût, comprenant fauteuils d'appartement et de bureau, chaises garnies, canapés, divans*, etc. par LA MÉSANGÈRE, fondateur du *Journal des Modes et des Dames*.

[2] CHAMPFLEURY, *Histoire des faïences patriotiques de la Révolution*.

[3] CAILBERT, *Mémoires pour servir à l'histoire des mœurs et des usages des Français*.

« bulaire des autres nations, pour les objets dont elle a besoin, et
« que les procédés qui ne veulent qu'être connus pour être em-
« ployés, soient mis à la portée de tous. »

Ces phrases solennelles et pompeuses du rapport de l'abbé Grégoire, bien dans le style de l'époque, avaient du bon. Elles furent
écoutées. La création du Conservatoire des Arts et Métiers suivit
de près, puisqu'elle eut lieu moins d'un an après, en 1795. Le
Musée et l'École professionnelle furent, comme l'on sait, installés
dans les cloîtres et bâtiments de l'ancienne abbaye de Saint-Martin
des Champs. Le branle était donné; en 1797 s'ouvrit la première
exposition des produits de l'industrie française, décrétée par le
Directoire. Elle fut suivie d'autres qui se succédèrent sans inter-
ruption annuellement sous le Consulat et ensuite sous l'Empire, et
permirent de constater les progrès de l'industrie en France.

Jacob-Desmalter profita de ces expositions industrielles pour
montrer ses travaux au public, certain d'avance qu'ils seraient
appréciés comme ils méritaient de l'être. Il figura à celle de l'an IX
(1806)[1] et reparut à celle de l'année suivante, an X (1807)[2], avec
de nouveaux meubles. A ces deux expositions, les ouvrages sortis
des ses ateliers furent fort remarqués.

Ses succès allaient chaque jour en augmentant, et ce n'était que
justice, car, tout en conformant ses conceptions au goût et au style
gréco-romain, il n'oublia jamais cette règle primordiale qui veut
que chaque objet conserve son style primitif et original dans sa
forme générale, et ne s'en écarte que dans les détails d'exécution.
Il ne perdit point non plus de vue que l'ornement ne peut sous
aucun prétexte se substituer au corps, dont il est uniquement le
complément. Il savait que le squelette d'un meuble ne doit pas
disparaître sous les ornements qui l'accompagnent, devant toujours
rester facile à retrouver; autrement, l'œil choqué et désorienté est
pris d'un malaise indéfinissable. En habile artisan, Jacob-Desmalter fait naître les motifs d'ornementation des nécessités du meuble,
ne déguisant, n'altérant sous aucun prétexte son type par une

---

[1] A l'exposition de l'an IX (1806), Jacob-Desmalter obtient la médaille d'or
pour ses travaux d'ébénisterie.

[2] A l'exposition de l'an X (1807), le rapporteur du jury des récompenses
prend soin de déclarer dans son rapport que Jacob-Desmalter, « talent supérieur
dans sa partie, aurait obtenu la médaille d'or s'il ne l'avait déjà eue ».

profusion intempestive et malheureuse de festons et d'astragales. Il pousse même cette règle à l'extrême, presque jusqu'à l'absurde. La simplicité des lignes de ses meubles devient parfois de la pauvreté ; leur rigidité par trop architecturale et rectiligne, de la sécheresse et de l'aridité. Aussi froissent-ils nos idées par leur abus des formes droites, par leur parallélisme continuel, par leur symétrie constante, par la raideur de leurs motifs de décoration empruntés trop souvent à ce style égyptien mal connu et encore moins défini.

C'est avec raison, il faut bien en convenir, qu'on reproche au mobilier de l'époque révolutionnaire son aspect théâtral, sa raideur, son manque de simplicité ; mais, ce qui doit le relever aux yeux des amateurs, c'est sa personnalité, son caractère. Si cet art est dramatique et pompeux, trop allégorique dans son luxe [1], il ne s'épuise pas en imitations maladroites ; il n'est point un mélange de tous les styles et de toutes les époques, un pêle-mêle d'objets hétéroclites jurant les uns à côté des autres. Il s'accorde à merveille avec les sentiments et les aspirations des gens pour lesquels il a été créé. L'intérieur du logis de Mirabeau, c'est bien celui que nous pourrions rêver pour le fameux tribun ; celui de Camille Desmoulins est parfaitement adapté aux idées de l'orateur du jardin du Palais-Royal ; celui de Saint-Just avec sa psyché nous le montre s'admirant dans sa correction rigide. Le mobilier de Bonaparte, dans son appartement de la rue de la Victoire, avec ses ornements belliqueux semés à profusion, son lit peint en bronze antique, ses sièges en forme de tambour, sa commode d'acajou à têtes de lion, son bureau aux appliques de glaives antiques, ne nous explique-t-il pas mieux que vingt pages d'un historien le vainqueur d'Italie et surtout l'homme du 18 brumaire ? Une qualité importante que l'on ne peut refuser aux meubles sortis des ateliers de Jacob, c'est la logique. Il s'inquiétait fort peu, en l'établissant, du confortable tel que nous le comprenons aujourd'hui [2],

---

[1] C'est alors que les parvenus de la fortune voulurent aller trop loin et, comme toujours en pareil cas, dépassèrent de beaucoup la mesure. Leurs chambres devinrent, à leurs yeux du moins, les sanctuaires de l'Amour. Les rideaux de leur lit furent attachés par des flèches et des carquois ; la prosaïque table de nuit se transforma en autel du fils de Vénus.

[2] Il ne faut pas oublier que l'on était alors à ces jours étranges où tout devait être à l'antique sous peine d'être ridicule, à cette époque où Mme Vigée-Lebrun

tel que nous le donnent nos meubles actuels capitonnés et commodes, il est vrai, mais sans aucun style. Ce n'est pas lui qui eût exécuté un fauteuil crapaud. Une qualité portée au plus haut point par notre ébéniste, c'est la merveilleuse exécution de ses meubles. Les bronzes en sont ciselés avec un art exquis ; les bois solides, choisis avec un soin extrême, assemblés avec des précautions inconnues aujourd'hui. La parfaite harmonie de l'ensemble et des détails ne laisse rien à désirer. Ces qualités sont loin d'être à dédaigner et permettent d'excuser, jusqu'à un certain point, leur manque de variété, tout en expliquant leur immuabilité, leur défaut de confort[1].

Une des causes de la simplification du meuble du Directoire et de l'Empire, à laquelle, croyons-nous, on n'a pas attaché assez d'importance et d'attention, c'est l'avènement subit aux honneurs et à la fortune d'une classe nouvelle fort peu disposée, par son éducation, aux avantages et aux charmes d'un vrai luxe.

Peu sensible aux délicatesses d'une main-d'œuvre coûteuse et voulant néanmoins posséder des objets d'une valeur réelle, elle contraignit les ébénistes, habitués jusqu'alors à travailler pour des princes et pour des grands seigneurs, auxquels la question d'argent était assez indifférente, à produire à des prix moins élevés, disons le mot, à bon marché. Que firent-ils? Contraints par la nécessité, à contre-cœur, ils réduisirent les profils de leurs meubles en simplifiant les coupes et en distribuèrent les placages de façon à n'avoir à procéder que par grandes surfaces unies. De là provient en partie l'apparence guindée et raide des meubles de cette époque. Cette bourgeoisie fraîche éclose avait des exigences inconnues à la noblesse qu'elle voulait remplacer. Elle tenait à avoir des meu-

donnait ce fameux dîner dont tous les convives, drapés à la grecque et couronnés de roses, mangeaient du brouet noir et buvaient du vin opaque enfermé dans des vases étrusques, étendus sur des lits, chantant, en s'accompagnant sur la lyre, des hymnes et des invocations à Bacchus et aux autres dieux de l'Olympe.

[1] Voici l'opinion d'un contemporain sur le mobilier d'alors : « Convenez, mon cher, on n'est pas assis, on n'est plus reposé. Pas un siège, chaise, fauteuil ou canapé, dont le bois ne soit à nu ou à vive arête. Si je m'appuie, je presse un dos de bois ; si je veux m'accouder, je rencontre deux bras de bois ; si je me remue, je rencontre des angles qui me coupent les bras et les hanches. Il faut mille précautions pour ne pas être meurtri par le plus tranquille usage de vos meubles. Dieu préserve aujourd'hui de la tentation de se jeter dans un fauteuil! on risquerait de s'y briser. » (ROEDERER, *Opuscules*, 1802.)

bles en bois étrangers, en acajou, parce que ce bois exotique avait la réputation de coûter fort cher; mais elle voulait en même temps payer le moins possible.

Nous venons de nommer l'acajou. Dès la fin du règne de Louis XVI, pendant la Révolution, sous le premier Empire, sous les deux Restaurations, jusqu'à la fin du règne de Louis-Philippe, pendant près de trois quarts de siècle, on ne jura que par l'acajou, dont la tyrannie fut absolue. Introduit en France vers le milieu du dix-huitième siècle, importé primitivement des côtes du Malabar et plus tard de Saint-Domingue, le succès de ce bois de couleur rougeâtre auquel on peut assez facilement donner un brillant poli fut immédiat. Son usage se répandit avec une rapidité foudroyante, et la mode ne tarda guère à ne plus admettre que des meubles d'acajou. Pour s'expliquer cet engouement, il est bon d'ajouter que le talent et l'habileté des Jacob et de certains de leurs confrères n'y furent point étrangers. Le goût avec lequel ils associèrent le bronze doré et ciselé aux tons roux et chauds de ce bois aux veines heureuses, leur fit le plus souvent obtenir des résultats du meilleur effet.

Qui prouve mieux le succès de l'acajou que la passion que montra pour lui Mme Récamier, cet arbitre du goût féminin? Cette femme, renommée entre toutes pour son élégance aux raffinements sans pareils, n'avait-elle pas une chambre à coucher en acajou du haut en bas [1]? Pilastres en bois d'acajou; chambranles et portes en bois d'acajou; lit en bois d'acajou avec têtes de cygne en bronze doré aux montants; table de nuit en bois d'acajou; chaises en forme d'X en bois d'acajou [2].

Les bronzes jouèrent un rôle considérable, presque prépondérant, dans les meubles du Directoire et plus tard de l'Empire. Toujours admirables de ciselure et de dorures, ils s'associent de la manière la plus parfaite au bois qu'ils doivent accompagner et relever par leur éclat et leur coloration brillante. Les ciseleurs d'alors,

[1] Dans l'appartement qu'occupait Mme Récamier, 7, rue du Mont-Blanc (chaussée d'Antin).

[2] Dans la vente des objets d'art et meubles provenant de Mme Récamier, faite à l'hôtel Drouot le 29 novembre 1893 par Mᵉ Delestre, nous trouvons un ameublement du temps de l'Empire, en acajou et citronnier, garni de velours rouge, composé de deux bergères, deux fauteuils et deux chaises, exécuté par Jacob-Desmalter, qui fut adjugé 1,650 francs.

sans pouvoir être comparés à Gouthières, étaient cependant loin
d'être sans mérite. Rairio, entre autres, avait poussé à un haut
point l'art de ciseler et de dorer les bronzes. Ses ouvrages jouis-
saient d'une réputation méritée ; leurs formes pures et nobles, leurs
compositions châtiées, les en rendaient dignes, et les objets de cuivre sortis de ses mains acquéraient une valeur supérieure à celle
qu'ils auraient eue en argent même. C'était, avons-nous besoin de
le dire, un des collaborateurs ordinaires de Jacob-Desmalter, avec
Pierre-Philippe Thomire, auquel sont dues les plus belles torchères, les plus élégantes consoles et les plus délicats candélabres de
cette époque. Les fondeurs habiles ne manquaient pas non plus, et,
parmi les principaux d'entre eux, il est juste de citer Damerat,
de Lafontaine, Cahier et Chéret.

Pour l'ornementation de ses meubles, Jacob-Desmalter, ne se
contenta pas uniquement des appliques de bronze, si à la mode
alors ; il usa aussi fréquemment de plaques et de médaillons de
porcelaine, de faïence et de biscuit. Lors d'un voyage qu'il fit en
Angleterre, où il avait été appelé pour le renouvellement du mobilier du château de Windsor, que nous signalerons un peu plus
loin, il avait eu l'occasion de voir des faïences de Weedgwood à
fond bleu et à décors blancs, pour lesquelles il s'était bientôt pris
d'enthousiasme. Il en avait alors fait exécuter un grand nombre
d'après les dessins du peintre anglais Henry Howard [1], qui ne
manquaient ni de caractère ni d'élégance et qui effectivement ne
font que rehausser les meubles sur lesquels elles sont appliquées
et dont l'effet est des plus heureux. Les blancs et les bleus froids
de la faïence se marient très heureusement avec les tons roux et
chauds de l'acajou.

Avant de connaître ces faïences de Weedgwood, Jacob s'était
parfois servi de plaques de porcelaine sorties des ateliers d'Olivier,
qui, malgré l'inclémence des temps, avait continué de travailler et
de lutter courageusement pendant les mauvais jours de la Terreur ;

[1] Howard (Henry), né à Londres le 31 janvier 1769, mort à Oxford le 5 octobre 1847, membre de la Royal Academy en 1808 comme associé, membre
effectif à la fin de la même année, secrétaire et professeur de cette royale institution
en 1833 ; ce peintre envoya deux cent cinquante-sept ouvrages aux différentes
expositions de cette société, de 1794 à 1847. Il se fit remarquer par des tableaux
mythologiques, historiques et des portraits.

si courageusement même, qu'il avait obtenu le suffrage du Lycée des
Arts, dont les efforts tendaient à récompenser l'industrie nationale.

Le Consulat et l'Empire ne firent que consacrer la renommée de
Jacob-Desmalter. Dès son arrivée au pouvoir, Napoléon lui com-
manda le mobilier de la Malmaison, et la sympathie témoignée par
le premier Consul à l'éminent ébéniste lui fut continuée par l'Empereur.

Percier et Fontaine, de leur côté, n'oublièrent jamais que c'étaient
les Jacob qui avaient été les chercher dans le galetas où ils végé-
taient pendant l'époque révolutionnaire, et avaient été la première
cause de leur fortune. Aussi, lorsque plus tard, en leur qualité
d'architectes de l'Empereur, ils furent chargés de la restauration
des châteaux de Compiègne, de Saint-Cloud et de Fontainebleau,
des palais de Versailles et de l'Élysée, ils ne manquèrent pas de les
faire meubler par Jacob. Ils agirent de même pour les résidences
royales ou princières de l'étranger qu'ils furent chargés de remet-
tre en état habitable par Napoléon, alors souverain pour ainsi dire
universel, et Jacob dut meubler les palais et châteaux de Mayence,
d'Anvers, d'Aranjuez, de Rome, de Florence, de Venise, etc.

Les souverains étrangers ne voulurent pas rester en arrière, et
commandèrent à l'envi des ameublements à l'heureux ébéniste.
Sur les dessins de Percier, il exécuta une bibliothèque et un cabinet pour le roi d'Espagne Charles IV [1]. Il traversa la Manche pour
aller, à Windsor, diriger sur place la restauration intérieure de
cette résidence de la famille royale d'Angleterre. L'empereur de
Russie le chargea de meubler une partie du palais de l'Ermitage,
à Saint-Pétersbourg. De son côté, le roi de Prusse lui fit diverses
commandes pour son château de Potsdam. L'empereur du Brésil
même, Don Pedro, lui demanda de décorer et de meubler son
palais de Rio de Janeiro.

Et nous ne parlons pas des frères de Napoléon, qui, désireux de
transplanter dans leurs capitales les modes et le luxe parisiens, ne
s'adressèrent qu'à lui.

Il ne faudrait cependant pas croire, d'après cela, que Jacob-Desmalter ne travailla que pour les têtes couronnées. Nombre de

---

[1] Cette bibliothèque et ce cabinet ont été reproduits dans les *Artisans célèbres*,
par Ed. Foucaud. (1 vol. in-8º, Paris, 1841.)

grands seigneurs étrangers lui commandèrent des mobiliers : il lui en était demandé d'Angleterre, de Prusse, d'Espagne, de Pologne, de Russie, d'Italie, etc. Le monde entier ne voulait plus que des meubles sortant de ses ateliers. Mais, c'est encore en France, à Paris, que se trouvent ses plus importants ouvrages. Le Garde-Meuble, les palais nationaux, les ministères, les musées, les administrations, les églises [1] même, renferment de nombreux meubles portant l'estampille de Jacob-Desmalter. Du Directoire au commencement de la Restauration, la production de ses ateliers fut énorme. Le plus grand nombre de ses meubles furent exécutés d'après les dessins de Percier et de Fontaine, qui, malgré leurs nombreux travaux, lui continuèrent leur précieuse collaboration.

Les meubles de l'époque impériale [2] ont gardé la raideur de ceux de l'époque révolutionnaire ; presque tous sont rectilignes, sans sculptures ni saillies. Leur ornementation consiste en rosaces, en colonnettes à fût cylindrique reliées par des bracelets en bronze doré à des chapiteaux d'ordre dorique ou corinthien ; en motifs de bronze appliqués sur bois, tels que faisceaux d'armes, casques, épées, boucliers ou sphinx, mufles de lions, cygnes, etc., reproductions d'animaux empruntés aux monuments égyptiens, grecs ou romains. Les sièges et les fauteuils s'inspirent tous de la fameuse chaise curule avec des accoudoirs à sujets d'animaux. Les guéridons à tablettes rondes imitent les trépieds antiques. Les secrétaires, très à la mode alors, sont d'un modèle uniforme dont nous retrouvons encore de nombreux exemples ; la moitié de la face antérieure est formée par une planchette qui se rabat en avant (la face supérieure est ordinairement fixe et en marbre), découvrant à l'intérieur une sorte de péristyle à fond de glace assez souvent garni sur les côtés de tiroirs étagés les uns au-dessus des autres, dont quelques-uns à secret. Les lits sont en forme de bateaux avec des figures appliquées toujours en bronze, représentant des personnages de l'histoire héroïque. Les buffets et les consoles à

---

[1] Témoin le banc d'œuvre de l'église Saint-Gervais et Saint-Protais, à Paris, sorti des ateliers de Jacob-Desmalter.

[2] Ce qui nuit considérablement à la compréhension du mobilier de cette époque, c'est que nous sommes aujourd'hui obligés de le juger sur des meubles ou des spécimens séparés, tandis qu'il faudrait le faire sur un ameublement complet, dans un appartement pour lequel il aurait été conçu et exécuté.

angles droits, aux lignes d'une rigidité absolue, sont soutenus, en guise de pieds, par des sphinx ou d'autres figures d'animaux et assez ordinairement garnis d'une glace sous la tablette. Tous ces meubles sont le plus souvent exécutés en acajou; mais il s'en rencontre aussi en ébène et même en d'autres espèces de bois [1].

Comme aux belles époques de l'art de l'ébénisterie, Jacob-Desmalter a essayé de tirer parti de la veinure des bois, si diverse dans ses manifestations : tantôt striée, tantôt mouchetée, tantôt sinueuse, fantasque ou capricieuse. Rares sont ceux qui, comme lui, ont su équilibrer la symétrie des panneaux d'un meuble à l'aide des accidents du bois, en tirer des effets décoratifs spéciaux. Il est juste d'ajouter que les essences de bois dont il se sert le plus ordinairement et qu'il a presque exclusivement employées, sont essentiellement décoratives : l'ébène au noir sévère et noble, au grain serré et dur comme la pierre, et l'acajou au ton rouge et chaud s'il en fut.

Passons maintenant en revue les principales œuvres de Jacob-Desmalter qu'il nous a été donné d'étudier.

C'est d'abord, au Garde-Meuble, le mobilier de la chambre de l'impératrice Joséphine à la Malmaison, en acajou garni de bronzes, d'un travail très soigné, ainsi qu'un bureau du même bois ayant servi à Napoléon, orné de deux griffons en bronze doré aux deux côtés de la serrure.

Malgré leurs formes sèches et lourdes, ces deux meubles sont remarquables, et la perfection de leur travail ne saurait être assez louée. Du reste, cette perfection d'exécution se retrouve dans tous les meubles dont nous avons déjà parlé et dans tous ceux dont nous parlerons par la suite. De ce côté, ils étaient toujours irréprochables.

La salle des Maréchaux, aux Tuileries, renfermait trois grands buffets bas, en ébène, rehaussés de bas-reliefs en cuivre doré et ciselé, aux ornements impériaux. Ces meubles, dessinés par Percier, malgré la perfection du travail, la finesse de leurs ciselures,

---

[1] Les meubles des époques républicaines et impériales sont devenus assez rares aujourd'hui. La cause en est dans l'empressement mis, lors de la Restauration, à les faire disparaître, comme rappelant des époques abhorrées, dont la mémoire et le souvenir devaient être à jamais abolis.

la beauté des dorures, sont d'un aspect un peu froid et un peu épais [1].

Une pièce d'une importance exceptionnelle dans l'œuvre de Jacob-Desmalter est l'armoire à bijoux qu'il eut à faire pour l'impératrice Marie-Louise, et dans laquelle il voulut montrer qu'il était de force à lutter avec les premiers ébénistes de tous les temps. Il sembla le prouver au moins à ses contemporains, car ce meuble eut un succès sans égal et fut dès son apparition accepté comme le plus bel ouvrage d'ébénisterie qui existât. Si, avec ses panneaux plats décorés d'ornements de cuivre dorés et ciselés d'un style froid et guindé, il ne peut être mis en parallèle avec la célèbre armoire à bijoux de la reine Marie-Antoinette, conservée à Trianon, il faut reconnaître que l'ébénisterie y est travaillée avec un soin extrême et que les bas-reliefs de cuivre, dont les compositions sont dues à Prud'hon et dont la principale représente la naissance de Vénus Anadyomène, sont d'une grâce et d'un charme exquis [2].

Jacob avait déjà fait pour l'impératrice Joséphine un meuble du même genre orné d'incrustations de perles de nacre [3].

Nous avons parlé d'un bureau fait pour Napoléon, aujourd'hui au Garde-Meuble ; ce n'est pas le seul que l'Empereur demanda à son ébéniste ordinaire. Il en existe un second qui, au point de vue de la commodité et de la sécurité, est une véritable merveille. Il compte quarante-trois tiroirs de dimensions variées, trente-sept serrures de sûreté, onze secrets et deux caisses s'ouvrant avec cinq clefs différentes. Sa serrurerie fait honneur à Vavin, le plus éminent serrurier de son temps. Ce bureau est de vastes proportions, puisqu'à chacune de ses extrémités deux places ont été réservées pour des secrétaires et que le milieu renferme également deux

---

[1] Deux d'entre eux ont figuré à l'exposition des meubles anciens de l'Union Centrale, en 1882, et se trouvent aujourd'hui au Musée de Versailles.

[2] L'Empereur paya cette armoire 55,000 francs, ce qui ferait au moins 75,000 aujourd'hui, avec la dépréciation qu'a subie l'argent depuis lors. Eh bien, malgré l'énormité de la somme, le souverain ne la trouva pas exagérée. On savait encore payer les choses d'art en ce temps-là, et Napoléon n'ignorait peut-être pas que, vers 1779, le roi Louis XV avait acheté à Rœntgen un grand secrétaire de son invention 80,000 livres, ce qui était un prix encore plus élevé. Ce dernier meuble, véritablement des plus remarquables, en forme de commode surmontée d'un arrière-corps composé de panneaux de marqueterie symbolisant les Arts libéraux, mesurait 11 pieds de haut sur 5 de large.

[3] Aujourd'hui au Musée du Mobilier national.

places. Au point de vue artistique, il n'est pas moins intéressant; des bronzes d'une ciselure fort délicate et d'une dorure très épaisse ornent ses angles, représentant des chapiteaux corinthiens, des Renommées et aussi le chiffre impérial [1].

Lorsque la ville de Paris eut décidé d'offrir un berceau au futur héritier de l'Empire, elle eut recours aux plus habiles artistes du temps. Heureusement inspirée, elle demanda la composition du meuble à Prud'hon, qui mit sur les côtés du lit le Tibre et le Génie du Commerce confiant le jeune prince à la Nymphe de la Seine. Au-dessus, la Victoire, debout sur un bouclier, étend les bras pour le couronner. En bas, on voit l'Aigle impérial qui veille sur le fils de César.

L'exécution en fut confiée à Jacob [2], aux orfèvres Odiot et Thomire, auxquels fut adjoint le modeleur Radiguet [3].

Une œuvre de Jacob, plus étrange et plus curieuse que véritablement belle, est l'ameublement d'une chambre à coucher qu'il fabriqua pour le baron V. Denon, directeur général des Musées de l'Empire, d'après les dessins de ce dernier. C'est une sorte de restitution des objets égyptiens étudiés par ce savant à Thèbes, lors de l'expédition d'Égypte, dont il faisait partie. Le principal meuble en est un lit de forme antique reposant sur quatre pattes de lion, dont les trois faces, incrustées de bas-reliefs en argent, figurent sur le côté principal treize personnages à genoux; sur le côté de la tête, au-dessus d'un hémicycle dentelé, une figuration d'Isis; sur le côté des pieds, des têtes d'ureus en acajou avec des appliques en argent.

---

[1] Comment ce meuble est-il sorti du domaine de la Couronne? Nous n'en savons rien. Toujours est-il qu'en 1860 il fut vendu aux enchères publiques, à l'hôtel Drouot, et qu'il fut adjugé pour 5,000 francs, somme bien minime, vu son mérite artistique et son intérêt historique.

[2] Ce merveilleux meuble fait actuellement partie du Trésor impérial de Vienne, dans lequel il entra après la mort du duc de Reichstadt. Il reste au Garde-Meuble de Paris une répétition simplifiée de ce berceau, que l'on pouvait voir, sous le second Empire, dans les salles du Musée des Souverains, au Louvre. C'était sans doute le berceau d'usage, tandis que celui conservé au Trésor impérial de Vienne était le berceau d'apparat. Dans celui resté en France, se retrouvent des épreuves en bronze doré des bas-reliefs ciselés par Thomire sur celui de Vienne, mais la plus grande partie des riches ornements du meuble d'apparat ont été supprimés et remplacés par un fond de bois d'if, dont la disposition est due à Jacob-Desmalter.

[3] En même temps qu'orfèvres, Odiot et Thomire étaient joailliers, et en cette dernière qualité ils avaient un sérieux concurrent en Nitot, dont les productions ont joui alors et sous la Restauration d'une grande faveur.

Deux fauteuils, également en acajou incrusté d'argent, du même style, accompagnent ce lit. Comme tout ce qui sort des mains de Jacob-Desmalter, cet ameublement est irréprochable en tant qu'exécution ; mais, ainsi que nous le disions tout à l'heure, le goût qui a présidé à sa composition est bien extraordinaire. La recherche de l'étrange y est partout visible. Le besoin de nouveau y va cette fois jusqu'à la bizarrerie. Si l'art impérial n'avait produit que des ouvrages de ce genre, il mériterait jusqu'à un certain point le discrédit dans lequel il est tombé. Heureusement qu'il n'en est pas toujours ainsi.

Les victoires de l'Empire amenèrent à leur tour la mode des meubles à attributs belliqueux. Ce que Jacob fabriqua d'après les dessins de Percier, et même, d'après les siens propres, de commodes, consoles, secrétaires, lits, tables, sièges, à emblèmes guerriers consistant en casques, lances, faisceaux, épées, boucliers plus ou moins inspirés des monuments d'Herculanum ou de Pompéi, est extraordinaire. Nous n'avons pas la prétention de les énumérer ici. Contentons-nous de mentionner en ce genre une commode ayant fait partie de la collection du prince Demidoff, à San Donato, ornée de chars antiques, de palmes et de couronnes en bronze, d'un travail magistral, que les visiteurs du célèbre palais n'ont sans doute pas oubliée.

Dans le même ordre de choses, citons encore les lits avec leurs faisceaux de haches et leur ornementation grêle et maigre, leur apparence de bateaux et de gondoles, leur décoration de palmettes et d'allégories belliqueuses. Malgré leurs allures guindées, ces lits n'en restent pas moins, par leur caractère, très supérieurs à ceux confectionnés de nos jours, qui ne sont que des imitations plus ou moins réussies des siècles passés.

Il est une chose que nous ne saurions assez répéter : c'est que, malgré leur style anguleux et froid, glacial même, les meubles de cette époque vivront par leur caractère. Leur maigreur même n'est pas sans un certain charme, et c'est à tort que l'on a voulu rire de cette ornementation composée de palmettes, de lauriers, de casques, d'épées romaines, de boucliers grecs, de figures ailées, de quadriges, etc., qui sont le plus souvent d'un dessin irréprochable.

On n'en est plus là aujourd'hui, il est vrai ; on va bientôt arriver néanmoins, si ce n'est déjà chose faite, à pasticher ces meubles, qui reviennent peu à peu à la mode. On en trouvera prochainement chez tous les tapissiers des boulevards, comme on y trouve aujourd'hui tous ces mobiliers Louis XV et Louis XVI de pacotille, tous ces bahuts Renaissance, tous ces cartels Louis XIII de rencontre. Ces imitations saugrenues et grotesques, qui ne sont que la caricature des objets qu'elles veulent reproduire, leur portent un tort énorme, n'en montrant qu'une lointaine apparence défigurée par le mauvais goût, l'incurie et l'économie de ces contrefacteurs sans vergogne.

Mais revenons aux meubles sortis des ateliers de Jacob-Desmalter sous le Directoire et pendant l'Empire [1], ne nous arrêtant qu'aux plus caractéristiques. Parlons de ces belles consoles en bois doré dont la forme rappelle celles que l'on exécutait sous Louis XVI, représentant un sphinx les ailes déployées, avec des pieds de bouc réunis par des bandes dont le milieu était occupé par une urne fermée et soutenant une tablette ornementée recouverte d'une table de marbre [2]. Parlons aussi de ces grands canapés droits recouverts d'étoffes drapées à l'antique, appelés Paphos, si usités alors et dont on retrouve par hasard aujourd'hui quelques rares exemplaires dans les greniers où ils ont été relégués ; de ces sortes de sophas nommés méridiennes, qui tenaient le milieu entre la causeuse et la chaise longue, possédant trois dossiers, dont l'un plus élevé que les deux autres ; de la bergère en gondole, avec des cygnes les pattes repliées et les ailes étendues dans le sens de la longueur pour rejoindre le dossier du meuble comme accoudoirs, qui remplaça la bergère Louis XVI. Voici maintenant les lavabos, composés de vasques superposées, soutenues par des anses à cols de cygne surmontés d'un miroir et d'une tige destinée à recevoir les serviettes ; les trépieds, consistant en vases de bronze dorés et ciselés, posés sur trois pieds de bois d'acajou réunis, dont le sommet figure ordinairement des têtes d'animaux, et les extrémités, des pieds également d'animaux ; les métiers à broder, faits d'une longue tige accompagnée d'une bande transversale et d'un double pied orné de décorations grecques ou romaines, avec un médaillon d'empereur ou de héros au milieu. N'oublions pas surtout les jar-

---

[1] Rien ne donne une plus complète idée des ameublements et intérieurs de l'époque du Consulat et de l'Empire que les dessins du costume moderne publiés à Londres par le peintre Henri Moses.

[2] *Dictionnaire du mobilier*, par G. HAVARD, t. II, p. 138.

dinières [1], d'une architecture compliquée et d'une richesse d'ornementation extrême. Ces dernières, d'un modèle tout nouveau, portaient alors le nom de tables à fleurs et doivent être comptées
parmi les créations les plus réussies et les plus gracieuses de
l'ameublement d'alors. Dessinées pour la plupart par Percier, elles
eurent un énorme succès [2].

Tous ces meubles dont nous venons de parler appartiennent
surtout à l'époque du Directoire; voici maintenant ceux qui se rat-
tachent plus particulièrement aux jours de l'Empire.

Parmi ces derniers, il faut de toute nécessité donner la première place aux bureaux. Nous avons déjà parlé de ceux faits par
Jacob pour Napoléon. Nous n'avons donc pas à y revenir. Nous
voudrions cependant dire deux mots de leur construction, qui
n'était pas une mince affaire. Elle nécessitait l'emploi de bois de
premier choix et des ouvriers d'une habileté consommée, sachant
tracer d'une façon pour ainsi dire mathématique les rainures
nécessitées pour le parfait fonctionnement du cylindre et de la
table à écrire. Après le bureau, nous parlerons du bureau serre-
papiers, dans lequel le bureau et le serre-papiers sont réunis et ne
font qu'un seul corps. De ce genre de meuble trop volumineux
pour être d'un usage habituel, nous en mentionnerons un dessiné
par Jacob-Desmalter lui-même, qui porte la date de 1818 [3]. Puisque
nous en sommes aux dérivés du bureau, disons en passant deux
mots de la table bureau-bibliothèque. Jacob en a aussi composé
plusieurs. Un, entre autres, dessiné comme le bureau serre-papiers
de tout à l'heure, par lui-même est fort remarquable. Une horloge
en occupe le compartiment central et sert de piédestal à une figure
de bronze doré soutenant une lampe; les deux extrémités de la
tablette supérieure supportent deux figures, de bronze également,
représentant Atlas courbé sous le poids du monde [4]. Mais de tous

---

[1] *Dictionnaire du mobilier*, par G. Havard, t. III, p. 94.

[2] Le succès des tables à fleurs s'explique par la passion que les femmes, sous
le Directoire et le Consulat, montrèrent pour les fleurs. Pas une ne se montrait
dans un salon sans un bouquet de fleurs naturelles à la main ou au corsage. Dans
la saison froide, quand Paris n'en pouvait fournir, on en faisait venir de la Provence ou de l'Italie qui coûtaient fort cher, vu la longueur et la difficulté du
transport.

[3] *Dictionnaire de l'ameublement* de G. Havard, t. IV, p. 962.

[4] *Dictionnaire de l'ameublement* de G. Havard, t. III, p. 210.

ces dérivés du bureau, qui n'est lui-même en réalité que la suite et la conséquence du cabinet Louis XVI, le plus important est le secrétaire. Nous en avons déjà parlé, mais nous sommes bien obligés d'y revenir. Le secrétaire de l'Empire n'a plus l'élégance et la grâce de celui du dix-huitième siècle : il est d'un aspect sévère et même austère. Chez lui, les placages en forme de mosaïque des différentes essences de bois sont remplacés par des panneaux d'acajou au ton chaud mais monotone, ou tout au plus de palissandre, dont des appliques de bronze ciselé et doré relèvent seules l'éclat. Un de ces bureaux construits par Jacob pour Napoléon et figurant aujourd'hui au Mobilier national n'est qu'une sorte de tube droit surmonté d'une horloge encadrée dans la frise supérieure du meuble, dont elle forme l'unique motif décoratif[1].

Parlons maintenant des lits : nous n'avons pas à revenir sur ceux à bateau, dont le nom vient de ce que ces lits affectaient une vague ressemblance avec une nacelle qui, suivant l'expression poétique du temps, « aidait à traverser le fleuve de la vie[2] ». Il nous reste à décrire ceux dits en arc, dont les rideaux étaient retenus au plafond par un ornement en bois doré en forme d'arc ; enfin les lits d'apparat, qui étaient à deux traversins. Jusque-là, le traversin n'avait été mis qu'à la place de la tête, où il avait sa raison d'être ; mais alors, par ce besoin extraordinaire de symétrie qui se montrait en tout, on plaça un second traversin aux pieds, ce qui était une absurdité. Le plus grand nombre de ces lits étaient en acajou massif rehaussé d'ornements de bronze ciselés et dorés[3] ; d'autres, en moins grand nombre, en marqueterie de bois de rapport[4]. A côté de ces lits, nous nous reprocherions de passer sous silence la table de nuit, ce petit meuble d'une utilité prosaïque. Elle était

---

[1] Tous les meubles de l'époque impériale, comme ceux de l'époque antérieure, ne peuvent guère être compris hors de leur cadre, c'est-à-dire des intérieurs pour lesquels ils avaient été faits. Ils étaient ordinairement placés dans des pièces décorées sur un fond tantôt brun, tantôt clair, d'arabesques en camaïeu d'un blanc bleuâtre quand le fond était foncé, d'un ton brun ou roux quand le fond était clair. Bien entendu, ces arabesques étaient des imitations des décorations antiques.

[2] *Voyage à Paphos.*

[3] M. Eugène Meurice, dont nous avons déjà parlé plus haut, possède un mobilier complet de chambre à coucher de style Empire, en acajou avec garnitures de cuivre ciselé et doré, qui est un spécimen des plus réussis des meubles de ce genre sortis des ateliers de Jacob-Desmalter.

[4] *Dictionnaire du mobilier,* par G. Havard, t. III, p. 662.

ordinairement décorée d'emblèmes amoureux et guerriers, comme nous savons déjà. Mars et Vénus en faisaient les frais. Ce n'était pas d'un goût bien délicat et bien fin; mais c'était bien dans le sentiment de l'époque.

Faut-il parler maintenant d'un certain nombre de tables machinées, sortes de tables à transformations, en bois d'acajou ou d'ébène, formant un secrétaire qui monte ou descend à volonté, ornées de bronzes dorés avec flambeaux et garde-vues, de nombreux tiroirs, d'écrans, de casiers, etc. [1]? Mais à quoi bon poursuivre cette fastueuse et fatigante énumération [2]?

La chute de l'Empire n'arrêta pas la vogue de Jacob-Desmalter. La Restauration conserva au fameux ébéniste la situation de fournisseur de la Couronne, et ses meubles continuèrent comme par le passé à meubler les résidences des souverains.

La décoration bruyante et batailleuse de l'Empire fut remplacée par une autre beaucoup plus modeste. Non seulement les fleurs de lis des Bourbons prirent la place des aigles impériaux, les symboles pacifiques, la place des symboles guerriers, mais l'ornementation se simplifia considérablement. Elle devint même d'une rare timidité dans ces meubles dont la forme ne varia guère. L'acajou continua à être le bois presque exclusivement employé par les fabricants. L'ornementation de ces meubles, fort pauvre, consista, la plupart du temps, en incrustations de filets et de cannelures de cuivre.

---

[1] *Dictionnaire du mobilier*, par G. HAVARD, t. IV, p. 1125.

[2] Voici l'opinion d'un contemporain sur l'ameublement d'une femme à la mode sous l'Empire : « Cet appartement consiste dans une antichambre, un premier et un second salon, une chambre à coucher et un boudoir. Les tentures plissées, ornées d'amples draperies, les rideaux en étoffe et en mousseline brodée des Indes, garnis de festons et de franges en or, en argent ou en soie; le choix des couleurs les plus tendres et les plus délicates pour la chambre à coucher et le boudoir, la manière de ne les éclairer que par des vases d'albâtre, dont la douce clarté se reflète à l'infini dans des glaces multipliées, la forme élégante des lits, placés sur une estrade et garnis de rideaux dont la coupe variable est toujours mariée au goût le plus achevé, les meubles en bois d'acajou et en bronze, les formes agréables des divans et des chaises, des tabourets, des consoles soutenues par des dragons et des figures égyptiennes en bronze antique ou en or moulu, les lustres, les candélabres, les pendules, les vases en marbre et porphyre, etc., qui ornent tous les appartements ont porté l'ameublement actuel au comble du goût. » (Appartement d'une Parisienne de 1806, *Lettres sur Paris*, baron DE BERKHEIM. Paris, 1806.)

Malgré ces différences notables, les meubles de la Restauration n'étaient qu'une dégénérescence de ceux du règne précédent. Nous ne nous y arrêterons guère. Signalons cependant les lits à couronne, qui empruntent leur nom au ciel de lit rond ou ovale qui les surmonte et est ordinairement accompagné d'une draperie à festons avec franges à boulets, et de deux rideaux en mousseline descendant des deux côtés et ne manquant pas d'un certain aspect décoratif. La mode de ce meuble subsista jusqu'à la fin du règne de Louis-Philippe. En général, ces lits étaient en acajou massif, décorés de canaux et de filets en cuivre[1].

Notons aussi cette haute et solide armoire en acajou également ornée de cannelures en cuivre doré, si commune dans les intérieurs un peu élégants d'il y a un demi-siècle.

III

ALPHONSE JACOB

Fatigué et sentant le besoin de repos après une existence si occupée, quoique âgé seulement de cinquante-cinq ans, le 1ᵉʳ janvier 1825, G. Jacob-Desmalter[2] céda ses ateliers à son fils Alphonse[3], fort jeune encore puisqu'il n'avait que vingt-six ans. Il ne se désintéressa pas pour cela de cette maison, qu'il avait amenée à un si haut point de prospérité, et continua d'y vivre aux côtés de son fils et successeur, auprès duquel il mourut seize ans et demi plus tard, le 15 août 1841, âgé de soixante et onze ans. Georges-Alphonse Jacob-Desmalter était un homme de goût et un véritable artiste amoureux de son métier. Après avoir d'abord étudié l'architecture sous la direction de Percier, il devint un fort habile dessinateur ornemaniste et un peintre de fabriques et de paysage remarquable. Il exposa à différentes reprises des aquarelles d'un vrai mérite, aux Salons officiels[4]. Nous connaissons de lui un grand

[1] Nous avons vu passer de ces sortes de lits en ventes publiques et atteindre en moyenne le prix de 1,000 à 1,200 francs.

[2] Il existe un portrait de G. Jacob-Desmalter peint par Girodet-Triorson, dans lequel on retrouve les qualités et les défauts ordinaires du peintre.

[3] Georges-Alphonse Jacob-Desmalter est né le 21 février 1799 et mourut le 7 juin 1870.

[4] Alphonse Jacob-Desmalter exposa, au Salon de 1838, une *Vue du second*

album d'aquarelles peintes pendant un séjour qu'il fit en Italie, qui renferme des vues de villages et des intérieurs d'édifices traités avec une extrême exactitude et un sentiment très juste.

Sous sa direction la maison d'ébénisterie [1] continua à fournir des ameublements d'une exécution matérielle parfaite, d'une finesse et d'une habileté de travail toujours aussi remarquables, et à ne se servir que de matériaux toujours également de premier choix. Mais le goût ayant considérablement baissé, les exigences étant différentes, le public cherchant avant tout le confort et ses aises, il lui fut impossible de remonter le courant. Aussi les meubles qui sortirent de ses ateliers pendant les dernières années de la Restauration et pendant le règne de Louis-Philippe, tout en étant à la tête de la production d'alors, n'eurent plus les qualités d'art de ceux qui les avaient précédés.

Une chose à remarquer, c'est que la mode qui avait subsisté pendant tout l'Empire et encore en partie pendant les premières années de la Restauration, de composer des placages de meubles en racine, c'est-à-dire en bois rempli de loupes ou excroissances ligneuses, tomba alors tout à fait en désuétude. Ce fut un malheur, car, par la combinaison des lignes et des nuances que ce procédé offrait, l'ébénisterie arrivait parfois à certains effets pittoresques et inattendus.

Nous ne voyons rien de particulièrement important à citer parmi les nombreuses productions d'Alphonse Jacob pendant les cinq années que dura la Restauration : quelques buffets et banquettes fort simples pour les résidences de Saint-Cloud et de Rambouillet, et c'est tout. Nous nous reprocherions cependant de passer sous silence l'ameublement qu'il fit pour le château de Rosny, alors résidence de Mme la duchesse de Berry, l'année qui suivit son établissement, en 1827 [2].

étage de l'escalier du château de Chambord (aquarelle) ; au Salon de 1841, des *Vues d'Auvergne et du Bourbonnais* (aquarelles), et enfin, au Salon de 1866, une *Vue intérieure de la basilique Saint-Laurent hors les Murs, à Rome,* et des Vues de monuments de Touraine (aquarelles).

[1] Alors rue des Vinaigriers.

[2] La propriétaire actuelle du château de Rosny, Mme Lebaudy, a tenu à honneur de rétablir le salon de Mme la duchesse de Berry dans l'état où il se trouvait lorsqu'elle l'habitait. Les fauteuils, les canapés, les chaises signés Jacob qui le meublent ont un double intérêt : intérêt artistique et intérêt historique, car, si les

Sous le gouvernement de Juillet, il eut à construire de nombreux meubles de toutes espèces : secrétaires, tables, commodes, armoires, bureaux, sièges, lits, etc., pour les résidences royales, particulièrement pour les châteaux de Saint-Cloud et de Neuilly et pour les palais des Tuileries et de Versailles. Les établissements publics ne restèrent point en arrière et lui demandèrent également de nombreux ameublements.

Les idées d'affranchissement et de renouvellement qui se manifestèrent vers 1830 dans la plupart des branches des connaissances humaines, en politique, en philosophie, en littérature, en art, en sciences, n'eurent aucun écho dans l'industrie de l'ameublement. Ces manifestations ne furent en réalité qu'un retour en arrière vers les idées et les procédés d'époques antérieures. Les écrivains, les peintres et les sculpteurs ne jurèrent plus que par le Moyen Age et la Renaissance. L'art industriel ne marcha même pas à leur remorque. Aussi, il est inutile de parler de quelques timides et maladroites restitutions dont nous n'avons rien à dire, ce bric-à-brac n'ayant rien à voir avec la véritable ébénisterie. Les artisans d'alors, comme ceux qui sont venus depuis, n'avaient point assez de foi en eux-mêmes, ni non plus cette espèce de mépris nécessaire de ce qui avait été fait avant eux pour essayer de créer du nouveau.

Cette époque n'entrevit aucun but déterminé ; manquant totalement de hautes visées en matière de style et se traînant péniblement à la remorque de celle qui l'avait précédée, elle n'avait même plus, comme elle, le goût des choses héroïques. La Restauration et plus tard le gouvernement de Juillet, en matière d'art industriel, n'ont eu aucune tendance bien caractérisée, ne montrant un entraînement ni dans un sens ni dans un autre. Ils n'obéirent tous deux qu'à une seule convention, celle de la routine, qui leur tint lieu de doctrine.

G.-Alphonse Jacob n'ayant point eu de fils pour perpétuer la dynastie, après avoir dirigé la maison familiale pendant vingt-deux ans, la céda en 1847 à M. Janselme. Elle se trouve aujourd'hui

bois portent l'estampille du célèbre ébéniste, les tapisseries qui les recouvrent, reproduisant des scènes tirées des fables de La Fontaine, sont l'œuvre de l'ancienne châtelaine et de ses dames d'honneur. (Voir *Rosny-sur-Seine,* par l'abbé H. THOMAS. Paris, Plon, édit., 1 vol. in-8°, 1889.)

dans les mains du fils de ce dernier, qui la maintient dans les traditions de goût, de travail et de loyauté qui ont fait sa gloire, fidèle à la vieille devise : « Honneur oblige. » G.-Alphonse Jacob vécut encore vingt-trois ans après s'être retiré des affaires et mourut le 7 juin 1870, à soixante et onze ans, comme son père.

Que l'on nous permette maintenant, avant de clore cette étude, quelques dernières réflexions sur l'art de l'ébénisterie.

Le goût du confortable, qui a envahi peu à peu la société, a eu pour résultat de supprimer en grande partie l'intervention de l'ébéniste, dont le tapissier prend la place. Les sièges et même bien souvent aujourd'hui les lits sont l'œuvre du tapissier, qui s'est adjoint un simple menuisier. Le tapissier règne en maître, et l'ébéniste n'est plus, la plupart du temps, que son très humble et très soumis collaborateur. Est-ce à dire pour cela que l'art de l'ébénisterie soit fatalement destiné, sinon à disparaître, du moins à s'amoindrir chaque jour, à ne plus avoir d'existence propre, à ne plus être que le satellite de l'art du décorateur? Nous ne le pensons pas, malgré cette décadence du meuble depuis les beaux temps du dix-huitième siècle, qui ne peut être mise en doute. Certes, le mobilier Louis XV et Louis XVI est bien supérieur à tous les points de vue à celui de l'époque révolutionnaire, à celui du Directoire et de l'Empire ; mais ceux-ci l'emportent encore de beaucoup sur le mobilier de la Restauration, sur le mobilier du règne de Louis-Philippe, et aussi sur le mobilier du nôtre ; et cependant il y a encore aujourd'hui des ébénistes habiles, des sculpteurs ornemanistes de mérite, connaissant tous les secrets de leur métier.

Malheureusement, ils ne peuvent faire ce qu'ils voudraient et sont bien obligés de se conformer aux exigences de leur clientèle. Est-ce leur faute si, pour livrer vite et à bon marché, ils se trouvent dans la nécessité de ne se servir trop souvent que de bois imparfaitement secs et taillés dans des arbres de qualité inférieure ; si les meubles qu'ils livrent au public n'ont que l'apparence, n'ont tous, ou à peu près, leur ornementation qu'en simili-bronze, leurs sculptures qu'en pâte dorée? Malgré ces circonstances atténuantes, il faut bien reconnaître que nos ébénistes ont leur part de responsabilité dans la décadence du mobilier actuel. Observent-ils bien cette règle si justement définie par Viollet-le-Duc d'après laquelle « chaque industrie ou chaque procédé de fabrication doit nécessairement posséder une méthode de composition qui soit appropriée à la matière qu'emploie cette fabrication et à la manière de la mettre en œuvre [1] » ?

La logique voudrait que le fabricant se rendît d'abord, et avant tout, bien compte des propriétés de la matière qu'il doit employer et des procédés de fabrication propres à cette matière. Il est de toute évidence que la pierre, le bronze et le bois ne peuvent pas être employés indifféremment. Ces diverses matières commandent des formes différentes. Combien souvent nos artisans ne tombent-ils pas dans cette erreur, qui ne leur est pas, il est vrai, uniquement imputable, mais l'est bien davantage aux dessinateurs ornemanistes qui fournissent les modèles à nos ébénistes! Ces dessinateurs, la plupart du temps, n'ont pas la moindre idée des procédés particuliers à chaque espèce de fabrication et, ce qui est plus extraordinaire encore, n'ont aucune connaissance des matières employées.

Une autre erreur fort commune est de vouloir reproduire en ébénisterie des formes qui ne conviennent en aucune façon à des matières fibreuses, comme les différentes essences de bois; témoin ces colonnes, ces entablements, ces frontons circulaires composés de morceaux collés ou assemblés à l'aide de procédés opposés à cette matière.

Tous les bois, sans exception, par suite de la disposition des fibres dont ils se composent, sont sujets à se gonfler par l'humidité et à se rétrécir par la chaleur, mais seulement dans le sens transversal, tandis que dans le sens longitudinal ils ne bougent pour ainsi dire pas. Il serait juste, dans la mesure du possible s'entend, de se priver des larges panneaux composés de diverses planches assemblées; ces panneaux étant nécessairement destinés, selon les différences de température, à écarter les bâtis sur lesquels ils sont embrevés. Combien peu d'ébénistes observent encore cette règle, pourtant bien simple et bien naturelle, qui veut que les moulures soient profilées uniquement dans le sens du fil du bois!

Malgré tout, reconnaissons que les ouvrages que nous voyons chaque jour sortir des ateliers des Fourdinois, des Grohé, des Dasson, des Beurdeley, des Guéret, des Sormani, des Roulin, des

---

[1] Viollet-le-Duc, *Histoire d'un dessinateur*. Paris, Hetzel,

Jeanselme, sont loin d'être sans mérite comme exécution et comme goût. La plupart du temps, ils sont irréprochables et témoignent d'artisans épris de leur métier et en connaissant à merveille les secrets. Enfin, si l'art industriel français est en pleine période de transition, s'il s'occupe surtout de restitutions des époques passées, sans tendances assez accentuées vers une originalité vraie, il nous faut néanmoins reconnaître qu'il tient toujours le premier rang dans le monde, et que les nations rivales dans l'art ne sont point prêtes à lui arracher le sceptre de l'élégance et du goût.

PARIS. — TYPOGRAPHIE DE E. PLON, NOURRIT ET Cie, RUE GARANCIÈRE, 8.

PARIS

TYPOGRAPHIE DE E. PLON, NOURRIT ET Cie

Rue Garancière, 8.